Nikolaus von Wolff & Ameen Alkutainy

99

Tipps und Fakten für Zuwanderer und Einheimische

•

نصيحة و حقيقة للمهاجرين
و السكان المحليين

•

Tips and Facts for Immigrants and Locals

2. Auflage Januar 2016: 10.000 Exemplare

Herausgeber: Chromaland Medienverlag Nikolaus von Wolff e.K.
Umschlaggestaltung: Radhouan Fiddini

Druck: Druckerei Gröer GmbH & Co. KG, Chemnitz
Layout/Satz: Radhouan Fiddini
English Polishing: Jawad Mughal
Arabische Übersetzung: Ameen Alkutainy
Graphik: Nikolaus von Wolff ©

Hergestellt in Deutschland

www.nikolausvonwolff.de
ISBN 978-3-00-052007-5

Hoffnung ist ein Wachtraum.

الأمل هو حلم اليقظة

Hope is a wakening dream.

Aristoteles - أرسطو

Über dieses Buch

Wir schaffen das ist ein knapp gehaltener Taschenratgeber, der dazu dient, Zuwanderern und Flüchtlingen, sowie deren Freunden, Partnern, Betreuern* und allen Interessierten in Deutschland eine Denk- und Planungshilfe für die kommenden Jahre an die Hand zu geben.

*in diesem Text werden weibliche und männliche Endungen jeweils stellvertretend für alle Geschlechter benutzt

Dabei geht es um die gemeinsame Erarbeitung von Lernzielen, aber auch um eine konsistente Verknüpfung von Wertepositionen und Handlungsempfehlungen anhand von 99 sorgfältig recherchierten Tipps und Fakten zum Leben in Deutschland.

Das Buch richtet sich an deutsche und arabische Muttersprachler sowie an Interessierte aus anderen Sprachgruppen und ist daher dreisprachig verfasst. Es eignet sich besonders dafür, von allen drei Gruppen gemeinsam gelesen zu werden.

Ziel des Kompendiums ist es, Immigranten einen Schnelleinstieg in die deutsche Lebenswirklichkeit zu ermöglichen und gleichzeitig Einheimischen aufzuzeigen, dass die Herausforderungen der Integration nicht diffus und endlos sind, sondern konkret benennbar. Um sie gemeinsam zu bearbeiten, bedarf es der Diskussion, aber auch des konstruktiven Streits über Inhalte und Regeln.

Wir schaffen das entstand im Herbst 2015 unter dem Eindruck der Flüchtlingskrise in Europa am Rande einer workshop-Reihe, den die Kommunikationswissenschaftler Nikolaus von Wolff und Ameen Alkutainy für Hochschulen in Asien durchführten.

Ameen Alkutainy stammt aus Aleppo in Syrien und graduierte an der Universität Damaskus in Wirtschaftswissenschaften. Nikolaus von Wolff arbeitet seit fast zwanzig Jahren international als Mediendesigner und politischer Kommunikationsberater.

Die beiden Autoren haben in der Vorbereitung des nun vorliegenden Textes umfassend recherchiert, diskutiert, auch gestritten, um schwierige Themen wie religiöse Toleranz oder sozialstaatliche Leistungen so eingrenzen zu können, dass Sie als Orientierungshilfe oder zumindest als Diskussionsgrundlage im Zusammenleben von Zuwanderern und Einheimischen in Deutschland dienen können.

Es ist geplant, die Arbeit an *Wir schaffen das* - 99 Tipps und Fakten weiter fortzusetzen.

Anregungen und Ideen, Kritik und Hinweise seitens unserer Leserinnen und Leser sind daher mehr als willkommen.

مقدمة:

(نستطيع فعلها) هو كتاب الكتروني ملخص مصمم لدعم المهاجرين من سوريا والعالم العربي و مراكز دعم المهاجرين في ألمانيا نضعه في متناول أيديكم كدليل توجيهي، إستخدمت في هذا الكتاب صيغة المذكر للمخاطبة و لكننا نشمل كلاً من الذكور و الإناث.

يتضمن هذا الكتاب مجموعة من النصائح و الحقائق الهادفة و التي تتفق مع أهداف التعلم التنموية، و أيضا مع القيم الثابتة و الموحدة. يستهدف الكتاب الناطقين باللغة الألمانية والعربية وكذلك الناطقين بلغات أخرى، فهو مكتوب بثلاث لغات هي العربية و الإنكليزية و الألمانية. وصمّم بطريقة سلسة متناغمة مبسطة لإيصال الأفكار المهمة و الأساسية في حياة كل مهاجر جديد. يهدف هذا الكتاب الى تمكين المهاجرين من الإندماج في الحياة اليومية الألمانية و بذات الوقت يوضّح للسكان المحليين لماذا لا يندمج المهاجرون الجدد في المجتمع و يقدم نصائح مفيدة تساهم في ردم الهوّة الثقافية بشكل ملموس.
و قد جاءت فكرة هذا الكتاب في خريف 2015 نتيجة لأزمة اللاجئين في أوروبا من قبل خبير التواصل نيكولاس وولف و الأستاذ أمين القطيني اللذان قاما بورشات عمل عديدة في الجامعات الآسيوية.

نيكولاس وولف استشاري التواصل السياسي و الإجتماعي منذ 20 عاماً و مصمم لأدوات و تقتنيات التواصل في مختلف دول العالم.

أمين القطيني سوري من مواليد مدينة حلب، خريج المعهد العالي لإدارة الأعمال في دمشق و محاضر في عدة جامعات أجنبية.

أجرى كلا المؤلفين أبحاث شاملة ناقشا تفاصيل الموضوعات الحرجة كالتسامح الديني و مزايا الرعاية الاجتماعية من أجل تشكيل مواقف تساعد على توجيه المهاجرين و السكان المحليين في ألمانيا لفهم بعضهم البعض.

يسعى المؤلفان لمواصلة العمل على هذا الكتاب لذا سنرحب بجميع الاقتراحات والأفكار و النقد والمشورة من القراء الأفاضل.

About this book

We can do it is a brief pocket guide designed to support immigrants and their friends, partners, supporters as well as anyone interested in Germany by a handy orientation tool.

It deals with the shared development of learning goals, but also with the creation of a consistent conjunction of values, positions and intentions based on 99 carefully researched tips and facts about life in Germany. The book addresses German and Arabic native speakers as well as interested people from different language backgrounds. Therefore it is written in three languages. It is best designed to be read by all three groups together.

The compendium aims to enable immigrants for a quick integration into German daily life while it elaborates in the same time to locals why integration doesn't need to be diffuse and endless but concrete and nameable.

Influenced by the dramatic refugee crisis in Europe, *We can do it* was created along a workshop-series for universities in Asia during fall 2015 conducted by communication scientists Nikolaus von Wolff and Ameen Alkutainy. Ameen Alkutainy comes from Aleppo and graduated in economics and marketing in Damascus. Nikolaus von Wolff works as an international media designer and political communication consultant since 20 years.

Both authors had conducted comprehensive research, had discussed and partially also disputed difficult subjects such as religious tolerance or social welfare benefits in order to shape positions that might help as orientation or at least as a base of discussion for both immigrants and the local population in Germany.

It is intended to continue working on We can do it - 99 tips and facts for immigrants and locals. Therefore, suggestions and ideas, critique and advice from our readers are more than welcome.

1

Mit Blick auf die Zukunft bedeutet Ihre Ankunft in Deutschland Hoffnung. Versuchen Sie, die Schrecknisse und das Leid der Vergangenheit so weit wie möglich hinter sich zu lassen und sich für einen neuen Anfang zu entscheiden.

هناك أمل عندما تتطلع الى المستقبل، دع الماضي و مشاكله جانباً و تهيّئ لحياة جديدة.

There is hope if you look to the future. Leave the trouble behind and be open for a new life.

2

Ein neuer Anfang in einem anderen Land ist nicht einfach, aber auch nicht unmöglich. Er beginnt bei jedem selbst.

الحياة الجديدة ليست سهلة و لكن بالوقت ذاته ليست مستحيلة، كل شيء يبدأ بخطوة.

A new life is not easy but also not impossible. It starts with yourself.

3

Wir verstehen Sie ebenso wie Sie uns verstehen. Beide können wir voneinander lernen.

نستطيع فهمك بقدر استطاعتك لفهمنا و نستطيع التعلم من بعضنا البعض.

We understand you as you understand us. Both of us can learn from each other.

4

Deutschland ist ein Teil der Europäischen Union, hat 82 Millionen Einwohner und grenzt an neun europäische Nachbarstaaten. Es erleichtert das Verständnis Ihrer neuen Heimat, wenn Sie sie als einen Teil Europas betrachten.

ألمانيا عضو في الاتحاد الأوروبي يبلغ تعداد سكانها 82 مليون نسمة و لها حدود بريّة مشتركة مع تسع دول أوروبية أخرى، لا بد لك لفهم وطنك الجديد من أن تستوعب كونه جزء من الإتحاد الأوروبي.

Germany is part of the European Union. It has 82 million citizens and borders with nine other European countries.
It helps you to understand your new home country if you understand its identity as part of Europe.

5

In Deutschland ist Religion keine staatliche, sondern eine persönliche Angelegenheit.

في ألمانيا الدين ليس شأن عام بقدر ما هو قضية خاصة.

In Germany religion is not a state affair but a personal matter.

6

In Deutschland herrscht Religionsfreiheit. Religiöse Gruppen respektieren sich gegenseitig in friedlicher Weise.

حرية الدين مضمونة وفقا للدستور الألماني. الجماعات الدينية تحترم و تتقبل بعضها البعض ضمن اطار سلمي.

According to the German constitution there is freedom of religion. Religious groups respect each other in a peaceful manner.

7

Wir wünschen Ihnen, Rachegedanken und Hass aus Konflikten in Ihrem Heimatland hinter sich lassen zu können. Beginnen Sie ein friedliches Leben in Deutschland.

نود منك نسيان الصراعات أو أي نوع من أنواع الرغبة في الإنتقام، إبدأ حياتك الجديدة بسلام.

We wish you to leave behind thoughts of revenge and hatred related to conflicts in your home country. Start your new life in peace.

8

Sehr lange Wartezeiten auf Ihre Aufenthaltsunterlagen, die Unterbringung in Lagern, das Zusammenleben mit anderen, nicht immer freundlich gesinnten Menschen, sind eine kaum zu bewältigende Herausforderung für viele Neuankömmlinge in Deutschland. Dennoch ist diese Phase nach Ihrer Registrierung notwendig und eine Bedingung für das Aufnahmeverfahren, an dessen Ende Ihre Aufenthaltserlaubnis stehen kann.

من أصعب التحديات التي تواجه الواصلين حديثاً الى ألمانيا فترات الإنتظار الطويلة قبل الحصول على تصاريح الإقامة و العيش في مخيمات ضمن ظروف معيشية قاسية مع أناس غير ودودين أحياناً. بكل الأحوال فإن إجرائات تسجيلك هي إجرائات ضرورية و هي نقطة البداية لكل الإجرائات الإدارية الضرورية و التي من الممكن أن تنتهي بمنحك تصريح الإقامة.

Very long waiting periods for getting the stay permission documents, living in camps under very tight conditions and to be very close with people that are not in all cases friendly, are among the tough challenges for many people who newly arrive in Germany. Anyhow, your personal registration is necessary and marks the initial point of the whole administrative process that might end with your stay permission.

9

Regeln bedingen das friedliche Zusammenleben. Bitte folgen Sie den Regeln und versuchen Sie, diese zu verstehen.

القانون هو أساس السلم الأهلي. نرجو منك فهم و إتباع كافة القوانين و الأنظمة.

Rules are the base of social peace. Please follow the rules and try to understand them.

10

Möglicherweise erleben Sie einen Kulturschock, wenn Sie ein neues Land und eine andere Kultur zum ersten Mal erleben. Dazu gehört beispielsweise, dass anfängliche Euphorie durch Phasen der Depression oder Ängste abgelöst werden. Versuchen Sie, Geduld und positives Denken zu bewahren. Auch Phasen der Frustration enden.

يمكن أن تعاني من صدمات ثقافية عندما تبدأ بالإندماج في دولة جديدة ذات ثقافة مختلفة، غالباً في البداية ستكون متحمساً جداً و لكن بعد ذلك من الطبيعي أن تشعر بالحزن و الشوق لعائلتك و أصدقائك. الإيجابية و التحلي بالإيمان و الصبر سيساعدانك كثيراً. و هذه المشاعر السلبية ستتلاشى مع الوقت.

You might experience a cultural shock if you enter another country and culture for the first time. Therefore it is normal that initial euphoric feelings are followed by periods of sadness and fears. Be patient and stay positive. Periods of frustration will end.

11

Stimmungsschwankungen, Frustrationen und Depressionen können in Phasen des Übergangs und der Anpassung kaum vermieden werden. Eingewöhnung braucht Zeit. Bitte bleiben Sie positiv und offen gegenüber den Menschen in Ihrer Umgebung.

أثبتت الدراسات أن تقلب المزاج و الإحباط و الإكتئاب لا يمكن تجنبهم أثناء الإنتقال و التأقلم مع الحياة الجديدة. سيستغرق هذا وقتاً لذا نرجو منك التحلي بالصلابة و الصبر و التفاؤل، التواصل بإيجابية مع من حولك سيخفف عنك.

Mood swings, frustration and depression can hardly be avoided during the process of transition and adjustment. Adjustment takes time. Please stay positive and be open to the people around you.

12

Möglicherweise stehen Sie vor weiteren Härten bezüglich langer Wartezeiten, schwerer Unzulänglichkeiten, engen Wohnverhältnissen, Stress und Ärger. Versuchen Sie sich etwas von Ihrer positiven Energie während der Ankunftszeit zu bewahren, um das gesamte Verfahren mit Geduld und Stärke zu bestehen.

ستواجهك فترة إنتظار طويلة و غير مريحة ضمن ظروف معيشية قد تكون صعبة للغاية، تتخللها مشاعر التوتر و الغضب. نرجو منك توفير طاقتك الإيجابية و حماسك عند مجيئك حتى تساعدك على البقاء قوياً و صابراً خلال هذه الفترة.

There might be hard times ahead of you including long waiting periods, heavy discomfort, tight living conditions, stress and anger. Try to save some of your positive energy from the time of your arrival to stay strong and patient all along this process.

13

Deutsch ist eine schwierige Sprache, aber es ist nicht unmöglich sie zu erlernen. Lesen und Schreiben hilft dabei gewöhnlich mehr, als Fernsehen oder facebook. Es wird empfohlen, täglich mindestens 1-2 Stunden mit Sprachtraining zu verbringen.

اللغة الألمانية هي لغة صعبة و لكن ليس من المستحيل تعلمها. القراءة و الكتابة تساعدانك بشكل أفضل من مشاهدة التلفاز أو إستخدام الفايسبوك. حاول قضاء ساعة او ساعتين يومياً على الأقل لتعلّم اللغة.

German is a difficult language but it is not impossible to learn it. Reading and writing usually help more than watching television or using facebook. It is recommended to spend at least 1-2 hours per day on language learning.

14

Schließen Sie sich nicht solchen Gruppen an, die Ihre Hoffnung und Ihre Ziele zerstören.
Bleiben Sie bei denen, die hoffnungsvoll und optimistisch sind.

نرجو منك عدم الانضمام لمجموعات تحطّم آمالك و طموحاتك، إبقى بجانب الاشخاص المتفائلين و الإيجابيين.

Do not join groups that destroy your hope and your aspiration. Stay with those who are hopeful and optimistic.

15

Lesen Sie viel und laufen Sie, lachen Sie und sprechen mit anderen, genießen Sie die Natur und Gastfreundschaft dort, wo Sie sie finden können.

إستمتع بالقراءة و المشي و الضحك و التحدث مع الآخرين، إستمتع بالطبيعة و الضيافة أينما وجدت.

Read and walk, laugh and talk to others, enjoy nature and hospitality wherever you can find it.

16

Halten Sie sich frei von Gerüchten und folgen Sie nicht einfach dem, was Freunde Ihnen empfehlen. Bemühen Sie sich immer erst um die offizielle Information.

لا تتبع الشائعات أو كلام الأصدقاء. دائماً حاول الحصول على المعلومات من مصادر رسمية.

Do not follow rumors and don't simply do what friends say. Always try to get the official information first.

17

Klären Sie Ihre Erwartungen, aber vergleichen Sie diese auch mit der Realität und mit den gültigen Bestimmungen. Machen Sie keine Versprechungen gegenüber anderen, wenn Sie diese nicht halten können. Treffen Sie Entscheidungen auf der Grundlage der Gegebenheiten, nicht auf der Grundlage von Erwartungen.

ابنِ توقعاتك على الوقائع و القوانين، لا تقدم الوعود إن لم تكن قادراً على الإلتزام و الوفاء بهاَ. إتخذ قراراتك بناءً على الحقيقة لا على التوقعات.

Define your expectations, but cross check with reality and valid regulations as well. Do not make promises to anyone if you cannot keep them. Make decisions based on facts, not on expectations.

18

Um sich in einem neuen Land einzugewöhnen, auch an ein anderes Klima, eine andere Art der Gesellschaft und an eine kulturell andersartige Umgebung, bedarf es eines aktiven Prozesses. Dieser geschieht nicht von allein. 75% aller Fähigkeiten, die man braucht, um sich in einer neuen Gesellschaft zu integrieren, basieren auf aktivem Lernen. Wissen hilft daher mehr als Erfahrung.

التأقلم ببلد جديد ذو مناخ و مجتمع مختلفين و ثقافة جديدة هو عملية تتطلب أنشطة معينة ولا تحدث من تلقاء نفسها، 75% من المهارات التي تحتاجها لتصبح عضو فعّال في المجتمع هي مهارات مكتسبة عن طريق التعلم. المعرفة و التعلم يساعدانك أكثر من الخبرة.

To adopt to a new country, a new climate, a new society and a new cultural environment is an active process. It does not happen by itself. 75% of all skills you need to integrate into a new society are based on active learning. Therefore knowledge helps you more than experience.

19

Das heutige Deutschland beherbergt eine pluralistische Gesellschaft. Sie bedeutet Heimat für eine Vielzahl an ethnischen, religiösen, politischen und sozialen Gruppen. Entsprechend unterschiedlich sind die Lebensstile. Gegenseitiger Respekt und Toleranz zwischen diesen Gruppen und zwischen unterschiedlich denkenden Einzelpersonen sind die Grundlage für Frieden und Stabilität.

ألمانيا الحديثة هي مجتمع تعددي و موطن لمجموعة كبيرة من الجماعات العرقية والطوائف الدينية والملحدة و أنواع أخرى من المعتقدات والقناعات السياسية، فضلاً عن أنماط الحياة المختلفة جذرياً. الإحترام المتبادل والتسامح هو أساس السلام والإستقرار بين جميع الجماعات والأفراد في ألمانيا.

Germany of today hosts a pluralistic society which is home to a huge variety of ethnic groups, religious and atheist communities, any kinds of belief and political conviction as well as fundamentally different lifestyles. Mutual respect and tolerance is the base of peace and stability among all these groups and individuals in Germany.

20

Das Leben in Deutschland basiert sehr stark auf Regeln und Regelungen, nicht so sehr auf Tradition. Wer die Regeln kennt und ihnen weitestgehend folgt, hat gute Aussichten, von anderen anerkannt zu werden und von der offenen Kultur zu profitieren. Wenn die Regeln und Regelungen manchmal verwirrend erscheinen, ist es meist besser, ihre Hintergründe zu verstehen, als gegen sie anzugehen.

الحياة في ألمانيا مبنية كلياً على الأنظمة و القوانين و ليس على الأعراف و التقاليد، إذا كنت تعرف القوانين فلديك فرصة جيدة لتحظى بالاحترام و المنافع و الترحيب. إذا لم تفهم غاية القوانين يمكنك الاطلاع على أصول و أسباب التشريع لتلك القوانين، هذا أفضل من الحكم مسبقاً عليها أو عدم الإعتراف بها.

Life in Germany is very much based on rules and regulations, not so much on tradition. If you know the rules and follow them as much as you can, you have a good chance to be respected and you will benefit from an open culture. If you are confused about some rules it will probably help you more to understand their background than to fight against them.

21

Die meisten Deutschen sind stolz auf wissenschaftliche Errungenschaften, die ökonomische Leistungskraft, auf ein reiches kulturelles Erbe und auf neue Technologien aus Deutschland.
Sie sind nicht stolz auf Hitler und die Nazi-Vergangenheit. Der Hitler-Faschismus war eine Diktatur, die in 12 Jahren mehr als 55 Millionen Opfer gefordert hat. Wenn möglich, erfahren Sie mehr über eine moderne Sichtweise und deutsche Gesetze bezüglich dieser historischen Epoche.

معظم الألمان فخورون باكتشافاتهم العلمية و أدائهم الاقتصادي و تراثهم الغني و التقنيات الألمانية الجديدة، و ليسوا فخورين بهتلر و الحقبة النازية. تلك الفترة كانت دكتاتورية خلفت 55 مليون ضحية خلال 12 سنة. لذا نرجو منك الاطلاع على وجهة النظر و القانون الألماني المتعلق بهذه الفترة الزمنية.

Most Germans are proud of scientific achievements, economic performance, a rich cultural heritage and new technologies from Germany. They are not proud of Hitler and the Nazi era. Hitler-fascism lead to 55 million victims in twelve years. If you have the chance, please learn more about modern views on this subject and about German laws regarding this historical period.

22

Jüdische Gemeinschaften sind anerkannte Mitglieder der deutschen Gesellschaft. Es wird von allen Gruppen, auch von Immigranten in Deutschland, erwartet, dass sie sich Hassreden und Agitation gegen Juden oder andere ethnische oder religiöse Gruppen enthalten.

المجتمع اليهودي هومجتمع محترم ضمن المجتمع الألماني. و من المتوقع من كل المجموعات في ألمانيا و حتى المهاجرين و اللاجئين الإبتعاد عن أحاديث الكراهية و التحريض ضد اليهود أو اي مجموعة دينية أو عرقية أخرى.

Jewish communities are respected members of German society. It is expected from all groups in Germany, also from immigrants, that they abstain from hate speech and agitation against Jews or against any other ethnic or religious group.

23

Frauen und Männer sind in Deutschland gleichberechtigt. Es ist gesetzlich unzulässig und es wird als stark diskriminierend empfunden, wenn Sie die Zusammenarbeit mit Frauen verweigern, etwa mit Ärztinnen, Wohnungsmaklerinnen, Polizistinnen oder Behördenmitarbeiterinnen. Sagen Sie niemals zu einer Frau *"Ich möchte aber bitte mit einem Mann sprechen."*
Männer und Frauen haben die gleichen Rechte und Pflichten in Deutschland. Sie haben die gleichen Rechte und Pflichten an Schulen, Universitäten, an ihrem Arbeitsplatz und zu Hause. Frauen haben gleichwertige Positionen wie Männer in der Wirtschaft, in der Wissenschaft, in der Politik und im gewöhnlichen Arbeitsleben.

في ألمانيا يمتلك الرجال و النساء حقوقاً متساوية و بناءً على القانون و على الأعراف و التقاليد فإنه من غير المقبول رفض التعامل مع النساء، فعلى سبيل المثال لا الحصر لا يجب أن تقول لكل من الطبيبة أو الوسيطة العقارية أو الشرطية أو الموظفة "أرغب في التكلم مع رجل بدلاً من التكلم معك"!
ففي ألمانيا للرجال و النساء ذات الحقوق و الواجبات و الفرص المتساوية في المدارس و الجامعات و العمل و حتى في المنزل، تشغل النساء مناصب مساوية للرجال في الإقتصاد و العلوم و السياسة و الأعمال العادية المختلفة ضمن سوق العمل.

Men and women have equal rights in Germany. It is restricted by law and will be perceived as discriminating if you refuse to collaborate with women, for example if they are medical doctors, housing agents, police women or administration officers. Never say to a woman "But I would like to talk to a man".
Men and women share the same rights and obligations in Germany. They have equal rights and opportunities at school, at universities, at their work place and at home. Women are in charge of equal positions as men in the economy, sciences, politics and the usual labor market.

24

Menschen jeder Hautfarbe, Herkunft oder Geschlecht haben in Deutschland die gleichen Rechte. Dies gilt auch für homosexuelle Männer und Frauen. Homosexuelle Männer und Frauen müssen in Deutschland ihre sexuelle Orientierung nicht verbergen und können eingetragene Lebenspartnerschaften eingehen, die der Ehe nahezu gleichgestellt sind. Niemand darf wegen seiner sexuellen Orientierung diskriminiert oder benachteiligt werden.

يمتلك الناس في ألمانيا حقوقاً متساوية بغض النظر عن لونهم و عرقهم و جنسهم و عمرهم. و هذا ينطبق على المثليين جنسيّاً من الرجال و النساء.
في ألمانيا لا يجب على المثليون و المثليات جنسياً إخفاء ميولهم الجنسيّة. و يمكنهم تسجيل علاقتهم لدى دوائر الشؤون الإجتماعية و الحصول على حقوق مشابهة لحقوق العائلة. و لذا فمن غير المسموح التمييز العنصري ضد المثليين و المثليات جنسيّاً.

People in Germany have equal rights independently from their skin color, ethnic background, gender or age. This is applies also for homosexual men and women. Homosexual men and women do not have to hide their sexual orientation in Germany. They can live in registered partnerships that have a similar standard by law as marriages. It is not allowed to discriminate anyone because of his or her sexual orientation.

25

Frauen und Kinder sind vor Gewalt besonders geschützt. Es ist in Deutschland nicht erlaubt, Kinder zu schlagen, weder in der Öffentlichkeit, noch im Privatbereich. Wer seine Frau oder seine Kinder schlägt, macht sich strafbar.

الأطفال و النساء محميون من العنف، من غير المسموح في ألمانيا ضرب النساء و الاطفال في الأماكن العامة أو في المنزل. ضرب الزوجة أو الطفل هو جريمة و يعاقب عليها القانون.

Women and children are especially protected from violence. It is not allowed in Germany to beat children, neither in the public nor at home. To beat your wife or your children is a punishable offence.

26

Muslimische Frauen haben in Deutschland die gleichen Rechte wie alle anderen Menschen. Sie können und dürfen selbst entscheiden, ob sie eine islamische Kopfbedeckung (Hijab) tragen wollen oder nicht. Niemand darf sie dazu zwingen. Das gleiche gilt für die Auswahl des Ehepartners, den Zeitpunkt der Heirat oder die selbst gewählte Ausbildung: Frauen treffen ihre Lebensentscheidungen und auch ihre Alltagsentscheidungen selbst. Frauen können und dürfen sich auch von ihren Ehemännern scheiden lassen und eine eigene Wohnung beziehen.

للمرأة المسلمة في ألمانيا حقوق مساوية لأي فرد آخر ضمن المجتمع الألماني، يحق لها أن تقرر بنفسها إذا كانت تريد إرتداء الحجاب أو خلعه، و لا يحق لأي كان إجبارها على إرتداء الحجاب. و ينطبق الأمر ذاته على إختيار شريك الحياة و سن الزواج و إختيار التعليم: فهنا نستطيع القول أن المرأة تمتلك الصلاحية لإتخاذ القرار بنفسها بمسائل الحياة اليومية و المسائل المصيرية. كما أنه يحق للمرأة طلب الطلاق و العيش بشقة منفصلة عن شقة الزوج.

Muslim women in Germany have the same rights as any other people in the society. They are allowed to decide by themselves if they cover their head by a headscarf (Hijab) or not. Nobody is allowed to force them to wear a headscarf. The same applies for the selection of marriage partners, the time of marriage or the education they want to choose: women make their own decisions in daily life as well as they make choices for their life. Women are also allowed to apply for divorce, to divorce from their husbands and to get their own apartments.

27

Das gesellschaftliche Leben in Deutschland findet hauptsächlich unter Kollegen, in Sportvereinen und anderen Vereinen oder unter Interessensgruppen statt. Es ist leider eher selten, dass neue Sozialkontakte im öffentlichen Raum entstehen. Dies ist wichtig zu wissen um Zugang zu finden zum gesellschaftlichen Leben in Deutschland.
Es gibt viele Vereine und Zusammenschlüsse, die gerne neue Mitglieder aufnehmen. Abhängig von ihren Interessen können Sie sich erkundigen, welche Art von Verein oder Initiative für Sie von Interesse sein könnte, um dort einen Besuch zu machen oder sich anzuschließen.

الحياة الاجتماعية و تكوين الصداقات في ألمانيا تتم من خلال الزملاء أو النوادي الرياضية أو الاتحادات المهنية أو بعض المنظمات الأخرى، لا يتم تكوين صداقات جديدة عادة في الاماكن العامة أو الطرقات. من المهم معرفة هذا الشيء لتجنب الشعور بالوحدة و الانعزال في ألمانيا.
هناك الكثير من الاتحادات و النوادي التي ترحب بالاعضاء الجدد. فكّر بالأشياء و الانشطة المفضلة لديك و استفسر عن النوادي او الاتحادات المناسبة لاهتماماتك المختلفة للانضمام اليها او لزيارتها.

Social life happens in Germany mainly among colleagues, in sport clubs and other associations and by interest groups. To make new social contacts in the public space is unfortunately not very common. This is important to know in order to find access to social life in Germany.
There are lots of clubs and associations welcoming new members. Think about your interests and ask what kind of club or association might be interesting for you to join or to visit.

28

Persönliche Zeitplanung ist eine große Herausforderung für viele Einwanderer in Deutschland, da die Menschen hier großen Wert auf Pünktlichkeit legen. In Deutschland ist es sehr wichtig, Termine einzuhalten.

يُعرف الناس في ألمانيا بالتزامهم الشديد و دقة مواعيدهم و لذلك تشكل إدارة الوقت تحدياً لكثير من المواطنين الجدد في ألمانيا. و لذلك من المهم جدا التقيد بالوقت و الالتزام الدقيق بالمواعيد.

Personal time management is a big challenge for many immigrants in Germany as Germans are known for their punctuality. In Germany it is very important to be in time.

29

Züge, Busse und Flüge haben exakt vorgesehene Abfahrtszeiten, die auf die Minute genau sind.

يفترض أن تغادر و تصل القطارات و الحافلات و الطائرات في التوقيت المحدد بالضبط.

Trains, buses and flights are supposed to depart and arrive on the minute.

30

Schule, Seminare, Konferenzen und die Arbeitszeit beginnen meist minutengenau.

تبدأ المدارس و الجامعات و المقابلات و الأعمال في التوقيت المحدد بدون أي تأخير.

Schools, university courses, meetings and working time usually start on the minute.

31

Deutschland ist das einzige Land, wo sogar bei privaten Treffen Pünktlichkeit erwartet wird.

و حتى بالنسبة لمقابلات الأصدقاء فألمانيا هي البلد الوحيد الذي تبدأ فيه مقابلات الاصدقاء و الحفلات في الوقت المحدد.

Germany is the only country where even meetings with friends or parties start on time.

32

Arbeitsaufträge, Zahlungsverpflichtungen, Rechnungen und Löhne werden gewöhnlich auf den Tag genau ausgeführt.

مهمات العمل و المصاريف و الفواتير و الرواتب تكون مجدولة و مصروفة باليوم المحدد.

Work assignments, payment schedules, bills and salaries are scheduled and executed usually on the day.

33

Die Arbeitszeit wird üblicherweise in Stunden gerechnet, nicht in Tagen oder Wochen, außer bei Vollzeitbeschäftigung.

يتم حساب مدة العمل عادة بعدد الساعات و ليس بالأيام أو الأسابيع بإستثناء العمل بدوام كامل أي راتب شهري.

Work time is usually calculated by the hour, not by days or weeks, except if you have a full time job.

34

Normale Arbeit wird pro Stunde bezahlt, nicht pro Tag oder Woche.

يتم صرف مستحقات بعض الأعمال العادية بالساعة و ليس باليوم أو بالأسبوع.

Usual work is paid by the hour, not by day or week.

35

Sie haben Rechte und Pflichten gegenüber Ihrem Arbeitgeber. Beispielsweise haben Sie das Recht, vollständig und pünktlich entlohnt zu werden. Aber Sie haben auch die Verpflichtung, pünktlich zur Arbeit zu kommen. Im Falle einer eigenen Kündigung sollten Sie diese rechtzeitig mitteilen und von der Arbeit nur dann fernzubleiben, wenn Sie eine Krankschreibung oder einen bewilligten Urlaub haben.

لديك حقوق و واجبات مختلفة تجاه صاحب العمل. على سبيل المثال لديك الحق في نيل كامل مستحقاتك في الوقت المحدد، و لكن من واجبك أن تصل لمكان عملك في الوقت المحدد، أيضاً يجب ابلاغ صاحب العمل بحالات الغياب في الموعد المحدد و عادة التغيب عن العمل يكون بناء على تقرير طبي رسمي أو ضمن جداول العطل المحددة.

You have rights and duties towards your employer. For example you have the right to be paid fully and on time. But you have the obligation to be at your work place on time, to announce job cancelations in time and to be absent from your work place only based on formal sick leave or scheduled vacancy times.

36

Grundsätzlich wird Hartz 4 oder Sozialhilfe von dem Geld deutscher Steuerzahler bestritten, die einen der höchsten Steuersätze weltweit haben. Um das sozialstaatliche System funktionsfähig zu erhalten, ist es notwendig, dass Menschen in Arbeit auch Steuern zahlen, ebenso wie Bezieher von Sozialhilfe sich, sofern sie gesund sind, um Arbeit oder Ausbildung bemühen.

دافعو الضرائب الألمان هم مصدر التمويل الرئيسي لنظام الضمان الاجتماعي (هارتس 4) و الذين يدفعون واحدة من أعلى معدلات الضرائب في العالم. ولضمان استمرار هذا النظام بالعمل من الضروري جداً لأي شخص يعمل أن يقوم بدفع الضرائب المترتبة عليه و بالمقابل عندما يحتاج الامر سوف يستفيد هذا الشخص من النظام ذاته اذا لزم الأمر.

Generally speaking, Hartz 4 (social welfare) is paid by the German tax payers who have one of the highest tax rates around the world. To keep the social welfare system working it is necessary that anyone who works will pay taxes and anyone who is in need and who is fit, tries to find work or training for a qualification.

37

Eine Berufsausbildung in Deutschland dauert länger als in vielen anderen Ländern. Ausbildungsjahre (für gewöhnlich drei bis vier) werden nicht sehr gut bezahlt. Dennoch ist es wesentlich besser, eine Berufsausbildung zu machen als nur unqualifizierte Arbeit annehmen zu können.

التعليم المهني (الحرفي) في ألمانيا يستغرق وقتاً أطول من الدول الأخرى. سنوات التدريب (عادة 3 سنوات) ليست مدفوعة الأجر بشكل جيد. بكل الأحوال من الجيد جداً الحصول على هذا التعليم بدلاً من قضاء الوقت في أعمال مؤقتة.

Professional (occupational) education in Germany takes much longer than in many other countries. Training years (usually three years) are not well paid. Anyhow, it is much better to achieve a professional education instead of just a temporary work place.

38

"Heuern und Feuern" gehört üblicherweise nicht zu den Gepflogenheiten der deutschen Geschäfts- und Arbeitskultur. Wirtschaftlicher Erfolg beruht in Deutschland im Wesentlichen auf verlässlichen Arbeitsbeziehungen und Vertrauen zwischen Führungskräften und Angestellten. Wenn Sie einen akzeptablen Job für sich gefunden haben, versuchen Sie nicht sofort nach einer besseren Beschäftigung Ausschau zu halten. Ihr nächster Arbeitgeber wird es schätzen, wenn Sie mindestens sechs Monate an einem Arbeitsplatz beschäftigt waren.

التوظيف و التسريح بشكل سريع ليسوا ضمن الطرق الشائعة لادارة الأعمال و الشركات التجارية في ألمانيا. النجاح الاقتصادي في ألمانيا ناتج عن توطيد علاقات العمل و الثقة المتبادلة بين المدراء و الموظفين. اذا وجدت عملاً مقبولاً فلا تحاول مباشرة البحث عن عمل آخر أفضل لأن صاحب العمل الجديد يفضل أن تكون قد عملت لمدة ستة أشهر على الأقل في عملك السابق.

"Hire and fire" is not the style of German business and working culture. Economic success in Germany is very much related to reliable work relations and trust between managers and employees. If you find an acceptable job try not to immediately look for a better one. Your next employer will appreciate it if you have worked at least 6 months in one place.

39

Wenn Sie beruflich an einem Arbeitsplatz tätig waren, haben Sie immer das Recht auf ein Zeugnis. Verlangen Sie immer ein Zeugnis für sämtliche Ihrer beruflichen Stationen!

إذا عملت بشكل مقبول في أي مكان فلديك الحق في نيل شهادة خبرة، يفضل أن تحصل على شهادات الخبرة دائماً.

If you have worked professionally at a work place you always have the right to get a certificate. Get certificates for all your professional experiences!

40

Wenn Sie einen Arbeitsplatz kündigen, sollten Sie dies immer in schriftlicher Form tun. Bitte seien Sie darauf vorbereitet, dass Ihnen bei einer eigenen Kündigung bis zu zwölf Wochen lang das Arbeitslosengeld gesperrt oder Hartz 4 Leistungen reduziert werden können.

إذا اردت الاستقالة من العمل فستحتاج لتقديم استقالة خطيّة، و عند ترك العمل بدون قبول الإستقالة من الإدارة المسؤولة سيتم حرمانك من الضمان الاجتماعي (هارتس 4) لمدة 12 أسبوع.

If you want to cancel a work place you need to do that in a written form. Please be aware that you do not get unemployment money and only reduced welfare support (Hartz 4) for 12 weeks if you have canceled a job by yourself.

41

Hartz 4 ist kein Einkommen, sondern eine Sozialleistung für Bedürftige. Es wird empfohlen, die eigene Zukunft und die der Familie nicht auf Sozialleistungen aufzubauen. Gesetze könnten sich ändern und das Risiko der Verarmung steigt.

الضمان الاجتماعي (هارتس 4) ليس مصدر للدخل و لكن هو دعم مؤقت، لذلك من المهم أنك و أفراد أسرتك لا تبنون مستقبلكم على الضمان الاجتماعي. يمكن أن تتغير القوانين و بذلك سيرتفع خطر الفقر.

Hartz 4 (social welfare) is not an income but a social support for those in need. It is recommended that you and your family members are not building their future on social welfare. Laws might change and the risk of poverty is increasing.

42

In Deutschland ist es üblich und allgemein akzeptiert, dass Väter und Mütter einen Beruf ausüben und arbeiten.

في ألمانيا من المقبول و المعتاد أنه يوجد عمل لكلا الأبوين، أي أنه من النادر وجود ربّة منزل بدون عمل.

In Germany it is usual and accepted that both, fathers and mothers, have a profession and work.

43

Mütter und Väter haben für ihre Kinder das Recht auf einen Kindergartenplatz. Kindergärten und Kindertagesstätten (Kita) kümmern sich um die Kinder während der Arbeitstage.

يحق للآباء و الأمهات تسجيل أولادهم بالروضة. الروضات (كيتا) توفر العناية اليومية بالأطفال خلال أيام العمل الرسمية.

Mothers and Fathers have a right to get a place in the kindergarten (nursery) for their children. Kindergartens and day cares (Kita) look after children during the work day.

44

Kindergärtnerinnen und Kindergärtner dürfen Kinder nicht schlagen und auch nicht verbal misshandeln.

ليس من حق المعلمين في الروضات و المدارس ضرب أو توبيخ أو إهانة الأطفال.

Kindergarten teachers and school teachers are not allowed to beat or verbally abuse children.

45

Kinder dürfen ab einem Alter von sieben Jahren eigenständig kleine Einkäufe tätigen, Briefe empfangen und über die Verwendung ihres Taschengelds entscheiden. Im Alter von 14 Jahren können Kinder selbst entscheiden, bei wem sie leben möchten, wenn die Eltern geschieden sind. Mit achtzehn Jahren sind Menschen in Deutschland volljährig und voll geschäftsfähig. Heiraten unter einem Alter von achtzehn Jahren sind in Deutschland unüblich und im Allgemeinen gesetzlich unzulässig.

إبتداءً من عمر السابعة يحق للأطفال في ألمانيا إتخاذ قرارات قانونية صغيرة مثل كيفية صرف النقود الخاصة بهم (المصروف) أو إستقبال الرسائل، و بعمر الرابعة عشرة يستطيعون إتخاذ القرار بشأن العيش مع الأم أو الأب في حالة الوالدين المنفصلين أو المطلقين، و بعمر الثامنة عشرة يصبح المراهق مؤهل(ة) لإتخاذ كافة القرارات بنفسه(ها). بحسب القانون و بحسب الأعراف و التقاليد في ألمانيا يمنع الزواج دون سن الثامنة عشرة.

Children in Germany are allowed to make small legal decisions such as how to spend their pocket money or receiving letters by the age of 7. By the age of 14 they can decide by themselves if they want to live with their mother or with their father, for example if their parents are divorced. By the age of 18 teenagers become of legal age and can do all decisions by themselves. In Germany it is legally restricted and uncommon to marry earlier than the age of 18.

46

Ausbildung, Erziehung und Förderung der Kinder findet in Deutschland sowohl in der Schule, als auch zu Hause statt. Lehrerinnen und Lehrer verstehen sich dabei im besten Falle als Partner der Eltern bei der Förderung ihrer Kinder. Es ist deshalb nicht ungewöhnlich, wenn Lehrer mit Eltern in Kontakt treten, um Besonderheiten und Probleme bei der schulischen Entwicklung von Schülern persönlich zu besprechen. Dies bedeutet keine Schwäche der Lehrer, sondern zeigt im Gegenteil deren professionelles Engagement.

في ألمانيا العملية التعليمية تتم في المدرسة و في المنزل أيضاً، فالمعلمون يعتبرون أنفسهم شركاء الأبوين لضمان نجاح العملية التربوية، ولذلك فمن المعتاد في ألمانيا أن المعلمين يتواصلون مع أهالي الطلاب بشكل مباشر و شخصي في حال وجود أي داعي أو أي مشكلة لمناقشتها و خصوصاً فيما يتعلّق بسلوك الأطفال داخل المدرسة. و هذا بالطبع لا يعبّر عن أي ضعف في خبرة المعلّم ولكن بالعكس فهذا يظهر بوضوح إلتزام المعلم بأداء واجباته.

In Germany, the education process happens in schools as well as at home. Teachers see themselves as the parents' partners to ensure the best educational support for their children. This is why it is usual in Germany that teachers contact parents of a student personally if there are challenges or problems to be discussed, regarding learning behavior or school problems. It does not show any teacher's professional weakness if you are contacted but it shows the teacher's personal commitment to the educational development of your child.

47

In Deutschland ist es eine Straftat, ein Kind zu schlagen. Ebenso ist es strengstens verboten, Kinder zu sexuellen Handlungen zu verleiten oder sie zu diesen zu zwingen. Auf dieses Vergehen stehen sehr hohe Haftstrafen. Zeugen werden gesetzlich geschützt.

ففي ألمانيا ضرب الأطفال هو جريمة جنائية خطيرة. و بنفس الطريقة يمنع منعاً باتاً إغراء الأطفال للقيام بأي نوع من الأفعال الجنسية أو إجبارهم على أي نوع من أنواع الأفعال الجنسية. ويعاقب على هذه الأفعال الإجرامية بأشد أنواع العقوبات و التي تتضمن عقوبة السجن. و في مثل هذه الحالات فإن القانون يضمن حماية الشهود.

Beating a child is a serious criminal offence in Germany. In the same way it is strictly forbidden to tempt children for any kind of sexual acts or to force them to any kind of sexual acts. Such criminal offences are severely punished by prison sentences. Witnesses are protected by law.

48

Da Kindergärten und Schulen früh beginnen, gehen Kinder bis zu zwölf Jahren üblicherweise zwischen acht Uhr und zehn Uhr abends zu Bett. Im Allgemeinen spielen Kinder nicht mehr nach zehn Uhr abends.

يذهب الاطفال للنوم بين الساعة الثامنة و حتى العاشرة مساءً كحد أقصى لأن الروضات و المدارس تبدأ عملها باكراً. فمن غير المعتاد في ألمانيا أن يلعب الأطفال في الأماكن العامة أو حتى في المنزل بعد الساعة العاشرة مساءً.

As kindergartens and schools start early, children up to 10 usually go to bed between 8 and 10 pm. It is not usual in Germany that children play in public or at home after 10 pm.

49

Musik und andere Geräuschquellen, die Nachbarn stören könnten, sind nach zehn Uhr abends nicht mehr zulässig. Das Recht auf Ruhe ist gesetzlich geschützt. Wenn Sie eine Feier oder Party machen wollen, informieren sie Ihre Nachbarn vorher - dann kann die Ruhezeit auch einmal überschritten werden.

الموسيقى و الانشطة الصاخبة قد تتسبب بإزعاج الجيران و هذه الأشياء غير مسموحة بعد الساعة العاشرة مساءً و ذلك بالاستناد الى قانون الخصوصية الألماني. إذا كنت ترغب بالإحتفال يُرجى إستئذان جيرانك بصورة مسبقة و في حال موافقتهم فلا مانع من الإحتفال.

Music and noisy activities which might disturb neighbors are not allowed after 10 pm according to German law. If you have a celebration or party at home, please inform your neighbors beforehand - then there shouldn't be a problem to have an exemption from the rest periods.

50

Wenn Sie eine Wohnung mieten, haben Sie Rechte und Verpflichtungen gegenüber ihrem Vermieter. Ihr wichtigstes Recht besteht darin, dass Ihr Mietvertrag nicht ohne bestimmte Gründe gekündigt und die Miete nicht willkürlich erhöht werden darf. Ihr wichtigste Verpflichtung besteht darin, die Wohnung in Ordnung zu halten, mit Ihren Nachbarn eine friedliche Nachbarschaft zu pflegen und die Miete pünktlich zu bezahlen.

في حال استأجرت منزلاً فلديك مجموعة من الحقوق و الواجبات تجاه مالك المنزل. من حقك الاستمرار بالاستفادة من عقد الايجار طالما لا يوجد مسبب رئيسي لالغاء العقد. و من جهة أخرى فمن واجبك الحفاظ على العقار المستأجر و عدم الإضرار به، و أيضاً العيش بسلام مع الجيران و دفع مستحقات الايجار في الوقت المحدد.

If you rent an apartment you have rights and obligations towards the landlord. Your main right is that rental contracts cannot be canceled without a fundamental reason and that rental fees cannot be increased beyond limits. Your main obligation is to keep the apartment in a good shape, to live peacefully with neighbors and to regularly pay your rent on time.

51

Die wichtigste Zahlungsmethode in Deutschland sind Banküberweisungen, nicht Barzahlungen. Deshalb empfiehlt es ich, so bald wie möglich ein Bankkonto zu eröffnen.

طريقة التعاملات المادية الأساسية في ألمانيا هي التحويل البنكي و ليس الدفع النقدي، لذا ستحتاج لفتح حساب بنكي في أقرب وقت ممكن.

In Germany the key payment method is bank transfer, not cash. Therefore you need to open a bank account as soon as possible.

52

Bei Verträgen, die regelmäßige Zahlungen verlangen, wie etwa Mobilfunkverträge, Versicherungen oder Abonnements, ist besondere Vorsicht geboten. Lassen Sie sich nicht davon blenden, dass der Vertrag "nur fünf Euro" kostet, sondern prüfen Sie alle Einzelheiten der Vertragsbestimmungen.

كن حذراً قبل توقيع أي عقد يتطلب دفعات شهرية مثل عقود الهاتف النقال، التأمين، الاشتراكات و غيرها. لا تقل "هذا يكلف فقط 5 يورو بالشهر" يرجى التعمق في بحث كافة تفاصيل العقد قبل الامضاء.

Be aware of signing contracts that require regular payments such as mobile phone contracts, insurances, subscriptions and others. Never say "Its only 5 Euro per month" but check in detail what the contract includes.

53

In Deutschland gibt es ein System zu Feststellung der Kreditwürdigkeit (SCHUFA): wenn Bürger fortwährend Rechnungen, Mieten oder Kreditraten nicht begleichen, wird ihr Zahlungsverhalten von der SCHUFA registriert. Wenn Sie registriert werden, kann es schwierig sein, später eine Wohnung zu mieten oder größere Ratenkäufe, wie etwas für ein Auto, zu tätigen.

يوجد في ألمانيا نظام تقييم للزبائن "يُدعى شوفا" و في هذا النظام يتم تسجيل أسماء الأشخاص الذين لا يسددون فواتيرهم أو بدلات الايجار أو ديونهم بإستمرار. و اذا تم تسجيل اسمك ضمن هذا النظام كشخص لا يقوم بدفع مستحقاته عندها سيصبح من الصعب عليك الحصول على شقة جديدة أو القيام بشراء سيارة جديدة.

In Germany there is a credit ranking system (called SCHUFA): people who constantly do not pay their bills, rents or credit rates get registered. If you are registered as a bad creditor it might become difficult for you to find a new apartment or to do larger purchase such as buying a car.

54

In Deutschland haben alle Bürgerinnen und Bürger, sofern sie eine Wohnung oder ein Haus bewohnen, ihren eigenen Briefkasten. Der Briefkasten ist einer der wichtigsten Kommunikationswerkzeuge, weil alle wichtigen Informationen per Post zugestellt werden.

يوجد في ألمانيا صندوق بريد خاص بكل مواطن يعيش في شقة أو منزل. يعد صندوق البريد واحد من أهم طرق التواصل و عن طريقه يتم توصيل كافة المعلومات المهمة بشكل رسائل مكتوبة.

In Germany every citizen who lives in an apartment or house, has his or her own letter box. The letter box is one of the most important communication tools as all relevant information will be send to you as a letter.

55

Es kann Ihnen große Nachteile bringen, wenn sie Briefe, insbesondere Rechnungen, behördliche Vorladungen, Anfragen usw. nicht beantworten. Die Verzögerung führt häufig zu noch höheren Rechnungen und verschärften Anfragen. Sehen Sie jeden Tag in ihren Briefkasten und beantworten Sie Briefe schnellstmöglich.

تجاهل الرسائل و خاصة الفواتير أو دعوات الدوائر الحكومية أو الطلبات و غيرها يسبب المتاعب و السمعة السيئة لك كشخص لا يستجيب بسرعة و يؤدي تجاهل الفواتير لتراكم الضرائب. نرجو منك تفقد صندوق البريد الخاص بك بشكل دائم و الاستجابة لهذه الرسائل بالسرعة الممكنة.

To ignore letters, especially bills, administrative invitations, requests etc. creates big disadvantages for you as delay of requests simply lead to higher bills and more enforced requests. Always check your letter box and respond to received letters soon.

56

Es wird empfohlen, auf dem Briefkasten die Namen aller Familienmitglieder kenntlich zu machen.

يجب كتابة اسمك و أسماء كافة أفراد العائلة على صندوق البريد.

It is recommended to write the names of all family members on the letter box.

57

Die Versicherungskarte der Krankenversicherung gilt nur individuell. Es ist streng verboten, die Versicherungskarte anderen zu überlassen.

بطاقة التأمين الصحي هي بطاقة مخصصة للاستخدام الشخصي و يمنع منعاً باتاً إعارتها أو إعطائها لأيّ كان.

The health insurance card is an individual item. It is strictly prohibited to share it with others.

58

Kinder spielen üblicherweise auf Spielplätzen, in Parks, im Kindergärten, in der Schule und zu Hause, aber nicht auf Straßen, wo Autos verkehren oder in den Treppenhäusern von Mietshäusern.

يلعب الأطفال في الأماكن المخصصة للّعب و في الحدائق و الروضات و المدارس و المنازل، لكن ليس في الشوارع أو في الأماكن العامة التابعة للمباني.

Children usually play on playgrounds, in parks, in the kindergarten, at school, at home but not on the street where there is traffic or in the public areas of apartment houses.

59

Wenn Sie von Fremden angegriffen werden, scheuen Sie sich nicht, die Polizei zu rufen. Deutsche Polizistinnen und Polizisten sind umfangreich ausgebildet und haben die gesetzliche Verpflichtung, Ihnen zu helfen. Polizisten in Deutschland sind nicht bestechlich. Es ist verboten, Polizisten Geld anzubieten, um Vorteile zu erreichen. Der Versuch selbst ist bereits strafbar.

لا تتردد بالإتصال بالشرطة في حال تمت مهاجمتك في الطريق من قبل غرباء. يتم تدريب رجال و نساء الشرطة تدريبات عديدة و يجب عليهم تقديم المساعدة لك عند الضرورة. رجال و نساء الشرطة ليسوا مرتشين و من غير المسموح عرض الرشوة عليهم مقابل تقديم تسهيلات، يعاقب القانون على تقديم أي شكل من أشكال الرشوة.

If you are attacked on the streets by strangers do not hesitate to call the police. German police women and men went through extended training and have the legal obligation to help you.

Policemen and policewomen are not corrupt. It is not allowed to offer them money for getting advantages. The attempt itself is punishable by law.

60

Wenn Sie Probleme haben mit Ihrem Vermieter, ihren Nachbarn, ihrem Arbeitgeber oder mit Ihrer Familie, zögern Sie nicht, Kontakt zu den sozialen Beratungsstellen an Ihrem Ort oder in Ihrer Stadt aufzunehmen. Diese haben die Verpflichtung, Ihnen zu helfen und Sie zu beraten. Diese haben dabei eine Schweigepflicht gegenüber Ärzten, Behörden und Polizei.

في حال وجود مشكلة مع الجيران او صاحب المنزل أو صاحب العمل لا تتردد بطلب مكاتب الإستشارة الإجتماعية في مدينتك أو قريتك. من واجب هذه المكاتب مساعدتك و تقديم النصح و الإستشارة، هذه المكاتب تعمل بشكل مستقل و لا علاقة لها بالطبابة أو الشرطة أو الحكومة أي أنها تعمل بسرّية تامة.

If you have problems with your neighbors, your landlord, your employer or even within your family do not hesitate to contact social consulting offices in your city or town. They have the obligation to help you and to give advice. They have a non-disclosure obligation towards medical doctors, the police and the administration.

61

In Deutschland bedeutet es kein Stigma, wenn Sie aufgrund Ihrer schwierigen Situation auch den Rat eines Psychologen oder den eines Psychiaters in Anspruch nehmen. Scheuen Sie sich nicht um Hilfe zu bitten, falls Depressionen oder traumatische Erlebnisse für Sie allein nicht zu bewältigen sind.

من المقبول إجتماعيا في ألمانيا طلب استشارة الخبير أو الطبيب النفسي عند وجود مشكلة نفسية أو عقلية تانجة عن حالة معينة. لا تشعر بالخجل عند طلب المساعدة او الإستشارة عندما تتعرض للإكتئاب أو عندما تواجهك صعوبة متعلقة بالحنين للماضي أو ببعض الذكريات المؤلمة.

In Germany it is fully socially acceptable to seek consulting by a psychologist or psychiatrist if you have problems to mentally cope with your situation. Don't feel ashamed to ask for help if depression or traumatic experiences of the past are becoming too heavy for you to deal with by yourself.

62

Das System der psychosozialen Betreuung in Deutschland basiert nicht so sehr auf Traditionen oder Religion, sondern auf wissenschaftlichen Ansätzen und entsprechender Ausbildung. Bei ernsten Problemen suchen Sie professionelle Hilfe und verlassen Sie sich nicht nur auf religiöse Gruppen.

طريقة عمل الخبراء النفسيين و الدعم الاجتماعي في ألمانيا ليست طريقة تقليدية بل هي طريقة مبنية على التجربة و العلم من قبل خبراء متخصصين في هذا المجال. و يمكننا القول بكل ثقة أنها طريقة مضمونة. في حال حدوث مشكلة نفسية جديّة أو خطرة لا تعتمد على المراجع الدينية أو السياسية و نرجو منك الثقة التامة بالإختصاصين في هذه المجالات.

The system of psychological and social support in Germany is not so much based on traditions or religion but on scientific approaches and respective education of professionals. For any serious problem try to find professional help and do not rely only on religious groups.

63

Das Gesundheitssystem in Deutschland basiert nicht auf Polikliniken wie in den meisten anderen Ländern. Stattdessen finden Sie fast überall Allgemeinärztinnen und -Ärzte, die das Rückgrat der medizinischen Versorgung darstellen. Wenn Sie medizinische Hilfe benötigen, gehen Sie zuerst zu Ihrem Hausarzt/Allgemeinarzt, der sich um Ihre weitere Behandlung kümmert. Bitte erkundigen Sie sich vorher nach den Sprechzeiten. Krankenhäuser und Kliniken sind für Notfälle offen und für Kranke, die eine stationäre Behandlung benötigen.

لا يقوم النظام الطبي في ألمانيا على المستوصفات كما هو الحال في معظم دول العالم و بدلا من ذلك يمكنك أن تجد الاختصاصين الممارسين في جميع المجالات تقريباً و الذين يشكلون العمود الفقري للنظام الطبي في ألمانيا. اذا احتجت المساعدة الطبية يمكنك الذهاب أولاً الى طبيبك العام و الذي سيعتني بحالتك و معالجتك. يرجى احترام ساعات العمل المحددة. العيادات و المشافي عادة تستقبل الحالات الطارئة و الأمراض الخطيرة.

The medical system in Germany is not based on polyclinics as in most countries around the world. Instead you can find general practitioners in almost all areas. They are the backbone of the medical system in Germany. If you need medical help you go first to your general practitioner who will then care about your further treatment. Please check working hours in advance. Clinics and hospitals are usually reserved for emergency cases and for those who need stationery treatment.

64

Menschen in Dienstleistungsberufen sind in Deutschland respektiert und leisten einen wichtigen Beitrag für die Allgemeinheit. Daher ist es üblich, mit ihnen respektvoll und freundlich umzugehen. Dies gilt beispielsweise für Bedienungen, Krankenschwestern, Taxifahrer, Mechaniker oder Verkäufer/innen.

موظفو الخدمات و العاملين في ألمانيا هم جزء محترم من القوة العاملة و من المجتمع عموماً، يرجى معاملتهم دائماً باحترام، و ينطبق هذا خصوصاً على نادلي و نادلات المطاعم، الممرضين و الممرضات، موظفي(ات) الاستقبال، سائقي التكسي و الميكانيكيين و موظفي المبيعات.

As professional service personnel in Germany are a respected part of the workforce and of the society itself, please always treat them with respect. This applies especially for waitresses, nurses, taxi drivers, mechanics and sales people.

65

Kindergärtnerinnen und Kindergärtner in Deutschland habe eine anerkannte Ausbildung von mindestens drei Jahren. Sie sind gut informiert über alle wichtigen pädagogischen, psychologischen, medizinischen und sozialen Aspekte des Kindesalters. Zögern Sie nicht, mit Kindergärtnerinnen wichtige Anliegen zum Wohlergehen Ihres Kindes zu besprechen.

يخضع أساتذة الروضات في ألمانيا الى تعليم و تدريب لمدة تزيد عن ثلاث سنوات. و يتضمن ذلك بشكل أساسي تعليم عام و نفسي و طبي الى جانب علم نفس الطفل. لا تتردد أبداً بمناقشة أي قضية تتعلق بمعيشة الطفل و رفاهيته مع معلمه أو معلمته.

Kindergarten teachers in Germany have a full professional education lasting for more than three years. They have learned about all major educational, psychological, medical and social aspects of childhood. Do not hesitate to discuss with them any matter related to the wellbeing of your child.

66

Die Meinungsfreiheit in Deutschland ist ein Grundrecht. Ausnahme sind aber Hetze gegen ethnische oder religiöse Gruppen, Gewaltaufrufe, Drohungen und das Verbreiten von Lügen über Einzelpersonen.

يتم التعبير عن الرأي في ألمانيا بحرية تامة. الاستثناء الوحيد هو حديث الكراهية أي التحريض ضد عرق معين او مجموعة دينية، و أيضاً دعوات العنف و نشر الأكاذيب حول الأفراد و التهديدات ضد الأفراد.

The expression of opinion in Germany is fully free. The only exception is hate speech against ethnic or religious groups, calls for violence and spreading lies about individuals and threats against individuals.

67

Achten Sie auf einige Unterschiede in der Gesprächskultur zwischen Ihrem Land und der Bundesrepublik. Zum Beispiel werden in manchen Kulturen scherzhaft gemeinte Äußerungen wie "Dann erschieß ihn doch!" in Deutschland schnell wörtlich genommen und missverstanden.

يرجى الانتباه الى الفروقات الثقافية في التواصل، على سبيل المثال استخدام عبارات "لماذا لا تقتله" لا تعد دعابة و إنما يتم اعتبارها تهديد خطير، عادةً هذا يسبب سوء فهم كبير فهذه التعابير غير مستخدمة على الإطلاق في ألمانيا..

Please be aware about some differences in the communication culture between your country and Germany. For example in Germany expressions such as "Why not kill him?" are not perceived as humor but easily taken literally. This can cause misunderstandings..

68

Deutsche sind leider nicht berühmt dafür, den besten Sinn für Humor zu haben. Lassen Sie sich nicht frustrieren von diesem Klischee und suchen Sie trotzdem nach Gelegenheiten für Spaß und Entspannung.

لسوء الحظ الناس في ألمانيا لا يشتهرون بمستوى عالي من حس الدعابة، لا تهتم لهذه العبارة و حاول الاستمتاع و الإعتياد على ذلك قدر المستطاع.

Unfortunately, Germans are not world famous for having the best sense of humor. Don't get frustrated about this stereotype and try to relax and enjoy life anyway.

69

Wenn Sie nach Deutschland kommen, sind Sie möglicherweise überwältigt von der Vielzahl an Shopping-Möglichkeiten und Sonderangeboten. Viele Menschen, auch Neuankömmlinge in Deutschland, haben Schuldenprobleme, weil sie den vielen Angeboten nicht widerstehen können. Es ist immer besser, zunächst zu prüfen, ob man sich das jeweilige Produkt wirklich leisten kann mit Blick auf die eigenen finanziellen Mittel.

عندما تأتي الى ألمانيا ستصادف العديد من فرص التسوق و العروض الترويجية المعدّة بشكل مغري للزبائن، يرجى دائماً التأكد من إمكانياتك المادية قبل اتخاذ قرار الشراء (الميزانية الشهرية)، أغلب الناس و بالأخص المهاجرين في ألمانيا لديهم مشاكل مادية ناتجة عن انفاقهم الزائد على المشتريات.

When you come to Germany you might be overwhelmed by countless shopping opportunities and great special offers that are well promoted. Many people, also immigrants, in Germany have debt problems as they can't resist the great opportunities. Please always first check if you really can afford a product bearing in mind your monthly budget.

70

Kleidungsstile und Modegeschmäcker in Deutschland können sich sehr unterscheiden von der Kultur und den Gewohnheiten Ihres Landes. Es ist oft leichter, diese Unterschiede ohne Wertung zur Kenntnis zu nehmen und einen eigenen Weg zu finden, sich in der neuen Umgebung auch stilistisch zurechtzufinden.
Gleiches gilt für andere Dinge, bei denen Design und Geschmack eine Rolle spielen: Beispielsweise werden Zertifikate und Zeugnisse in Deutschland üblicherweise nicht mit Verzierungen und Ornamenten versehen. Büro - und Wohnungseinrichtungen sind oft eher funktional als dekoriert. Auch der Musikgeschmack unterscheidet sich stark von dem in ihrem Heimatland. Nicht alles, was Ihnen gefällt, gefällt anderen - und umgekehrt.

الموضة و الملابس و الأذواق المنتشرة في ألمانيا ربما تكون مختلفة بشكل كبير عن الموضة في مجتمعك الذي جئت منه. أفضل طريقة لتقبل تلك الأنماط المختلفة هي الإمتناع عن الحكم على ذلك بسرعة و لكن ببساطة حاول التأقلم مع المجتمع الجديد الذي تود الانضمام له عن طريق الملاحظة، و رويداً رويداً ستتمكن من إيجاد الطريقة الخاصة بك.
و الأمر ذاته ينطبق على نواحي الحياة المختلفة التي تلعب التصاميم و الأذواق فيها دوراً مهماً، و على سبيل المثال لا الحصر فالشهادات و المستندات الرسمية في ألمانيا تكون غير مزخرفة و عادةً لا تتضمن أي تصاميم زخرفية. و أيضاً الأذواق الموسيقية و الموسيقى المنتشرة في ألمانيا ربّما تختلف عن الموسيقى المشهورة و المحببة في بلدك الأم، فلربما تكون الموسيقى و الأغاني التي تحبها غير محبوبة من الآخرين و العكس صحيح.

Dress codes, styles and fashion tastes among German citizens might vary significantly from the culture you come from. Usually the best way orientate with those different styles is to refrain from judgments but simply to observe at the beginning. Step by step your may find your individual way to fit in the new environment also in terms of styles and fashion.
The same applies for other aspects of life where design and taste play a significant role: certificates and official documents for example are not decorated in Germany and they usually do not show any ornamental decorations. The common music taste in Germany is very likely to be very different to the one in your home country. Not everything you like will be liked by others - and vice versa.

71

Da Frauen und Männer in Deutschland die gleiche Position in der Gesellschaft einnehmen, unterscheiden sich auch die Kommunikationsweisen zwischen den Geschlechtern von denen in traditionell geprägten Kulturen. Nach geltendem Recht ist es nicht gestattet, sexuell eindeutige Bemerkungen gegenüber Frauen zu machen, weder auf der Straße noch am Arbeitsplatz, sie ungefragt zu berühren oder sie aus sexuellem Interesse heraus anzustarren oder zu belästigen. Sexuelle Belästigung ist in Deutschland eine Straftat.

يتساوى الرجال و النساء في ألمانيا في كل نواحي الحياة و لكن التواصل بين الرجل و المرأة يختلف قليلاً عن التقاليد المتبعة في المجتمعات الأخرى. و من غير المسموح قانوناً التلفظ بألفاظ فاضحة أو القيام بإيحائات جنسية للنساء في الاماكن العامة أو أماكن العمل، و أيضاً يمنع لمس المرأة بدون رضاها أو التحديق بها بشكل مسيء للآداب، التحرش الجنسي في ألمانيا هو جريمة يعاقب عليها القانون.

As men and women in Germany have an equal stance in society, communication between men and women is different to many traditional societies. It is legally not allowed to make sexually explicit remarks to women; not on the street nor at the work place. It is not allowed to touch them without mutual consent or to stare at them based on sexual interest. Sexual harassment in Germany is a serious punishable offence.

72

Ehrlichkeit ist einer der Kernwerte in der deutschen Gesellschaft und in der Geschäftswelt. Selbst Lügen über Kleinigkeiten im täglichen Leben werden nicht geschätzt.

يعد الصدق من أهم القيم في المجتمع الألماني و في قطاع العمل أيضاً، ليس من الجيد على الاطلاق الكذب حتى في أمور الحياة اليومية الصغيرة. هذا ينطبق على المعاهد و المؤسسات و الأعمال و الحياة الاجتماعية.

Honesty is one of the key values in German society and business. It is not appreciated to lie even about small incidents in daily life.

73

Feilschen ist nicht sehr üblich in deutschen Geschäften. Viele Ausländer empfinden das Einkaufen in Deutschland daher als steril und kalt. Der beste Weg, sich an diesen Stil zu gewöhnen, ist es, die gängige Praxis zu beobachten und einen Weg zu finden, sich damit zu arrangieren. Aber Feilschen ist auch nicht verboten!

من غير المعتاد في ألمانيا التفاوض على السعر خلال التسوق. يظن معظم الاجانب أن عملية التسوق في ألمانيا هي نشاط فاتر و تتم بدون تواصل كلامي مع الباعة. أفضل طريقة لتعتاد ذلك هي مشاهدة طريقة تعامل السكان المحليين مع الباعة و تقليدهم، و لكن و بجميع الأحوال عملية التفاوض غير ممنوعة.

Bargaining is not very common in German shopping culture. Many foreigners perceive shopping in Germany as socially a bit sterile and cold. The best way to get used to it is to observe the usual practice and to find a way to cope with it. But bargaining is also not forbidden!

74

Der Freitag ist kein Feiertag in Deutschland. Wenn Sie freitags üblicherweise die Moschee besuchen, nehmen Sie bitte Kontakt auf mit dem offiziellen Verband muslimischer Gemeinden in Deutschland oder mit der Tourismusinformation Ihrer Stadt. Sie können so eine Moschee in Ihrer Nähe finden.

يوم الجمعة ليس يوم عطلة في ألمانيا. اذا كنت مسلماً و تذهب للمسجد لصلاة الجمعة يرجى الاتصال بالمؤسسة الاسلامية المختصة في مدينتك للاستفسار عن أقرب مسجد إليك (يمكنك القيام بذلك عن طريق الانترنت).

Friday is not a holiday in Germany. If you usually go to the Mosque on Friday please contact the city administration or the OFFICIAL association of muslims in Germany to find a Mosque near your living place.

75

Viele Deutsche werden sich freuen, wenn Sie Interesse an der örtlichen Kultur zeigen und Museen, Sehenswürdigkeiten oder Feste besuchen. Diese häufig sehr günstigen Möglichkeiten werden Ihnen auch helfen, mehr Freude an ihrer Umgebung und an Ihrer neuen Heimat zu finden.

معظم الألمانيون يحبون الأجانب المطلعين على الثقافة المحلية و الذين يقومون بزيارة المتاحف و المنتديات الثقافية و المهرجانات أيضاً. ستساعدك هذه الأنشطة على فهم الثقافة المحلية و الاستمتاع بفهم المجتمع بشكل عام.

Most Germans will appreciate it very much if you show some interest in local culture and visit museums, cultural sites or local festivals. It will help you also to enjoy and adjust to your new home country.

76

Die Gepflogenheiten und Traditionen des gesellschaftlichen Leben in Deutschland unterscheiden sich möglicherweise stark von denen in Ihrem Heimatland. Aber es ist nahezu sicher, dass Sie Menschen, Gruppen und Gemeinschaften finden werden, denen Sie sich anschließen können und mit denen sie gerne Zeit verbringen. Bleiben Sie offen für neue Erfahrungen und halten Sie sich nicht an jene, die aufgeben und sich isolieren.

تختلف العادات و التقاليد في ألمانيا بشكل كبير عن العادات و التقاليد في بلدك ولكن و بكل تأكيد ستجد أشخاص و مجموعات تعجبك و ستستمتع بقضاء الأوقات معهم، كن جاهزاً للتجربة الجديدة و لا تستمع للأشخاص السلبين و غير المنفتحين (المنعزلين).

Ways and traditions of social life in Germany differ largely from the traditions in your home country. But you will surely find people and communities you will like to join and spend time with. Stay open for new experiences and do not orientate to people who are frustrated and isolate themselves.

77

In Deutschland sind Besuche ohne Voranmeldung oder Verabredung nicht überall üblich. Meistens verabreden sich Freunde und Bekannte zuvor am Telefon oder laden sich für einen bestimmten Zeitpunkt ein.

في ألمانيا من غير المعتاد القيام بالزيارات بدون موعد مسبق. أفضل طريقة هي القيام باتصال و اخذ موعد مسبق قبل الزيارة.

In Germany it is not very usual to just come around and visit without appointment. The best way is to make appointments by phone or to invite friends at a certain time.

78

Wie in vielen anderen Ländern auch, ist der Gast in Deutschland "König". Aber hierzulande müssen sich Kinder nicht an die Bedürfnisse und Wünsche des Gastes anpassen wenn diese für die Kinder nicht förderlich sind, wie beispielsweise langes Aufbleiben am Abend oder Ansehen von Filmen für Erwachsene. In Deutschland hat das Wohl der Kinder ein höheres Gewicht als die Bedürfnisse von Gästen.

الأفضلية للضيف في معظم الدول و الأطفال يجب أن لا يقوموا بازعاج الضيوف حتى ولو بقي الضيوف لوقت متأخر ليلاً أو شاهدوا الأفلام على سبيل المثال، و لكن العكس هو الصحيح في ألمانيا، فالأفضلية و الأولوية هي للأطفال و لرغباتهم و ليس لرغبات الضيوف و خدمتهم.

Like in most countries the guest is "king" in Germany. But here children do not have to adjust to the needs and wishes of the guest if those are not beneficial for the children like for example staying awake until late at night or watching movies made for adults. In Germany the wellbeing of children is of higher importance than serving a guest.

79

Ökologisches Bewusstsein ist in der deutschen Gesellschaft sehr präsent. Entsprechende Gesetze schützen die Umwelt. Deshalb ist es beispielsweise nicht zulässig, Müll auf die Straße, in Parks oder in die Landschaft zu werfen. Müll gehört in Mülleimer, die auch im öffentlichen Bereich überall zu finden sind.

الوعي البيئي هو من الأشياء المهمة جداً في المجتمع الألماني، لذلك من غير المسموح رمي النفايات أو اي نوع من أنواع المخلفات في الطرقات او الحدائق أو الغابات أو الأماكن الخضراء، النفايات يجب أن توضع في الأماكن المخصصة لها أو في سلة المهملات. سلات المهملات متوفرة في مختلف الأماكن العامة.

Ecological awareness is very present in the German society. Respective laws protect the environment. This is why it is not allowed for example to throw any garbage or rubbish on the street, into parks or in green areas. The garbage needs to be put into garbage cans that you find in many places in the public areas.

80

Haushalte in Deutschland sind gesetzlich verpflichtet, Abfälle in vier Kategorien zu trennen: Plastik und wiederverwertbare Materialen wie Metall oder Verpackungen (1), Altpapier (2), organische Abfälle/Kompost (3) und Restmüll (4). Außerdem muss Glas über Altglascontainer in Ihrer Nähe entsorgt werden. Die Mülltrennung gehört zu den häufigsten Auslösern von Konflikten zwischen Einwanderern und Deutschen. Viele Ausländer empfinden das Verfahren anfänglich als befremdlich, während Deutsche die ungeordnete Müllentsorgung mittlerweile als abstoßend empfinden. Bitte nehmen Sie sich etwas Zeit, um das deutsche Entsorgungssystem zu verstehen. Es wird Ihnen helfen, Konflikte mit Ihrem Vermieter oder den Nachbarn zu vermeiden - und es schützt die Umwelt.

يجب على الجميع في ألمانيا فصل أو تصنيف القمامة ضمن أربع فئات مختلفة و هي: -1 المخلفات البلاستيكية و مواد التغليف و المواد الأخرى القابلة لاعادة التصنيع مثل المعادن -2 الأوراق -3المخلفات العضوية (مثل مخلفات الأطعمة) -4 المخلفات الأخرى المختلفة. و يجب وضع الزجاج ضمن علبة زجاجية بجانب المنزل. عدم تصنيف و عزل النفايات هو السبب الرئيسي للخلافات و المشاكل بين المهاجرين و السكان المحليين لأن معظم الأجانب ليسوا معتادين على هذه العملية كما أن السكان المحليين لا يتقبلون الأشخاص الذين لا يقومون بفصل القمامة لما لذلك من آثار سلبية على البيئة. لذلك نرجو منك الاطلاع و فهم كيفية عمل نظامي اعادة التصنيع و توفير الهدر. و بذلك ستتجنب المشاكل مع الجيران و صاحب المنزل.

German households are requested by law to separate their garbage into four categories: plastic and recyclable material such as metal or packages (1), paper (2), organic trash (3) and the rest of the garbage (4). Besides, glass needs to be put into glass containers near your living place. The separation of household garbage is among the most frequent issues of conflicts between immigrants and locals. Most foreigners are not used to the mechanism as locals are not used any more to other, non-recycling ways of waste management. Please take your time and learn about the German system of waste management and recycling. It will help you to avoid conflicts with neighbors and landlords - and it helps to protect the environment.

81

In Deutschland wird Toilettenpapier über die Toilette entsorgt, nicht über einen Mülleimer neben der Toilette, wie es in vielen anderen Ländern üblich ist.

في ألمانيا من المعتاد رمي مناديل الحمام (ورق التواليت) في التواليت نفسه و ليس في سلة القمامة بجانب التواليت كما هو المعتاد في دول أخرى.

In Germany toilet paper is requested to be thrown into the toilet, not into a trash bin next to the toilet as it is usual in many other countries.

82

Wasser und Elektrizität sind sehr teuer in Deutschland. Versuchen Sie Strom und Wasser zu sparen und vermeiden Sie so hohe Rechnungen und Kosten.

تكلفة الماء و الكهرباء في ألمانيا مرتفعة جداً. تأكد من أنك توفر الماء و الكهرباء لتجنب الفواتير المرتفعة.

Water and electricity in Germany are very expensive. Make sure that you save energy and water to avoid very high energy and water bills.

83

In Deutschland ist es nicht sehr üblich, Bekannte nach zehn Uhr abends anzurufen, außer es sind sehr gute Freunde.

في ألمانيا من غير المعتاد اجراء مكالمات هاتفية بعد الساعة العاشرة مساءً بإستثناء الأصدقاء المقربين جداً.

In Germany it is not very usual to call people after 10 pm except if those are very good friends.

84

Wenn Sie in Deutschland Telefonanrufe machen, nennen Sie bitte zuerst Ihren Namen, damit die andere Seite verstehen kann, wer anruft. Diese Regel hilft Ihnen sehr, sich mit Geschäftspartnern und anderen Menschen zu verständigen.

عندما تقوم بالاتصال الهاتفي ابدأ المكالمة بقول اسمك و بذلك يعرف الطرف الآخر من هو المتصل فوراً. هكذا هي العادة في ألمانيا. لا تبدأ المحادثة ب "ألو" أو أي تحية أخرى، هذه العادة ستساعدك كثيراً في اجراء مكالمات هاتفية مع الجميع.

If you make a telephone call in Germany please say your name first so that the other one can identify who is on the phone. This rule will really help you a lot get along with all business partners and people you deal with.

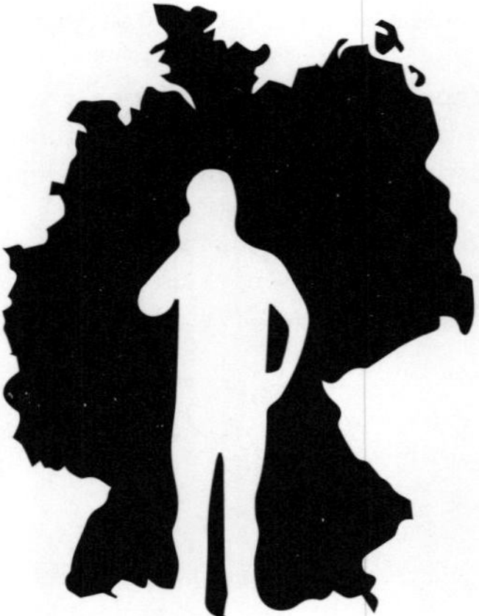

85

Wenn Sie einen Telefonanruf annehmen, sagen Sie bitte erst Ihren Namen, so dass der Anrufer weiß, ob er oder sie die richtige Person erreicht hat. Dies ist in Deutschland üblich.

عندما ترد على الهاتف ابدأ باسمك أولاً و بذلك سيعرف المتصل أنه يتكلم مع الشخص المطلوب. هكذا هي العادة في ألمانيا.

If you pick up the phone, please first say your name so that the caller knows if he has reached the right person. This is usual in Germany.

86

Führen Sie nach Möglichkeit keine lauten Telefongespräche in öffentlicher Umgebung, wie etwa in Bussen, Klassenräumen, Krankenhäusern, Restaurants oder an ähnlichen Orten. In Deutschland gibt es eine ausgeprägte Kultur der Privatsphäre.

لا ينصح بإجراء مكالمات هاتفية بصوت مرتفع في الأماكن العامة كوسائل النقل و المدارس و المستشفيات و المطاعم و الأماكن الأخرى. يتميز معظم الألمان بتقدير عالي جداً للخصوصية.

Do not carry out loud phone conversations in common public spaces such as in buses, school rooms, hospitals, restaurants and similar places. Most Germans have a high sense of privacy.

87

Es kann sehr hilfreich sein, wenn Sie lernen, Ihren Namen am Telefon zu buchstabieren wie in folgendem Beispiel für Ahmad: A wie Amerika, H wie Hamburg, M wie München, A wie Amerika und D wie Daddy. Diese Technik hilft Ihnen sehr, sich mit Behörden und Geschäftspartnern zu verständigen, die andernfalls Mühe haben könnten, Ihren Namen zu verstehen.

سيساعدك كثيراً تعلم كيفية تهجئة إسمك و أسماء عائلتك كما في المثال التالي:
أحمد تكتب بالانجليزية:
Ahmad
A America أمريكا
H Hamburg هامبورغ
M Munich ميونخ
A America أمريكا
D Daddy أب (دادي)
هذه الطريقة ستساعدك كثيراً في التعاملات المختلفة في ألمانيا و بذلك ستتجنب الصعوبات المتعلقة بصعوبة كتابة إسمك من قبل الآخرين.

It can help you a lot learning to spell your name for telephone use as in this example for Ahmad: A like America, H like Hamburg, M like Munich, A like America and D like Daddy. That helps a lot to deal with services and business partners in Germany who might have difficulties sometimes to understand and write your name correctly.

88

Machen Sie sich nach Möglichkeit mit einigen berühmten deutschen Namen bekannt, die in Politik, Unterhaltung, Geschichte, Sport und Kultur eine Rolle spielen, wie zum Beispiel Angela Merkel, Johann Wolfgang von Goethe, Ludwig van Beethoven, Friedrich Hegel, Karl Marx, Franz Beckenbauer.

يرجى الاطلاع على السيرة الذاتية و تاريخ بعض الشخصيات الألمانية المشهورة في المجالات المختلفة مثل السياسة و الفن و التاريخ و الرياضة و الثقافة مثل: ميركل، غوته، بيتهوفن، هيغل، ماركس، فرانتس بكنباور.

Learn about a few famous German names in politics, entertainment, history, sports and culture such as Angela Merkel, Johann Wolfgang von Goethe, Ludwig van Beethoven, Friedrich Hegel, Karl Marx, Franz Beckenbauer.

89

Ferien und Urlaubstage werden in Deutschland üblicherweise schon Wochen oder Monate zuvor geplant. Dabei werden Zeiten mit Ihrem Arbeitgeber oder mit der Behörde, mit der Sie zusammenarbeiten, abgestimmt. Islamische Feiertage sind gegenwärtig nicht Bestandteil des deutschen Feiertagskalenders.

يتم عادة التخطيط للعطلات قبل عدة أسابيع و أحياناً قبل عدة أشهر من العطلة. عادة يتم تحديد وقت العطلة بالاتفاق مع صاحب العمل أو مع الوكالة الاجتماعية المتعاونة معك. الأعياد الاسلامية ليست عطلة رسمية في ألمانيا و لذلك يرجى التقدم بطلب مسبق في حال الرغبة بأخذ اجازة خلال هذه الأعياد.

People in Germany plan their holidays usually weeks or months before starting them. Usually the time for holidays is planned in mutual agreement with your employer or the social agency you cooperate with. Islamic holidays are currently not part of German public holidays.

90

Eigentum in Deutschland umfasst beispielsweise Häuser, Wohnungen und Autos, aber kein Dienstpersonal wie Babysitter oder Hauswirtschafterinnen. Deren Rechte entsprechen vollständig dem deutschen Arbeitsrecht, unabhängig davon, woher sie stammen.

في ألمانيا يمكنك امتلاك منزل أو قطة أو قارب على سبيل المثال و لكن لا يمكن امتلاك أشخاص كجليسة الأطفال و مدبرة المنزل، جميع الأشخاص لديهم حقوق بالاستناد لقانون العمل الألماني بغض النظر عن جنسياتهم و أعمالهم.

Property in Germany does include for example houses, apartments or cars but not service personnel such as babysitters or housemaids. They have all rights granted by the German labor law independently from where they come from.

91

Deutschland besteht aus 16 Bundesländern. Fünf Bundesländer waren früher Teil der "Deutschen Demokratischen Republik", oft auch als "Ostdeutschland" bezeichnet. "Ostdeutschland" ist ein integraler Bestandteil der Bundesrepublik Deutschland. Es herrschen dort die gleichen Gesetze wie im Westen. Es empfiehlt sich nicht, Klischees und Ressentiments zu folgen, wie sie von manchen Deutschen gegenüber dem jeweiligen anderen Teil Deutschlands zum Ausdruck gebracht werden.

تتألف ألمانيا من 16 ولاية اتحادية و هناك خمسة ولايات فيدرالية تنتمي إلى جمهورية ألمانيا الديمقراطية السابقة، و غالباً ما تدعى ألمانيا الشرقية. "ألمانيا الشرقية" هي جزء لا يتجزئ من ألمانيا و حيث يتم تطبيق نفس القوانين المتبعة في كافة الولايات الأخرى. لا تستمع الى الصور النمطية و الأحاديث المسيئة التي يعبر عنها بعض الألمان حول هذا أو ذاك الجزء من البلاد.

Germany consists of 16 federal states. There are five federal states that belonged to the former German Democratic Republic, very often called East Germany. "East Germany" is a fully integrated part of Germany where the same laws are applied as in the West. Do not follow stereotypes and resentments expressed by some Germans about this or that part of the country.

92

Katzen und Hunde sind verbreitete Haustiere in Deutschland, wobei Hunde bei vielen Menschen besonders beliebt sind. Seien Sie nicht überrascht, wenn Sie Hunde in Cafés, Büros, Restaurants oder Bussen antreffen.

تعد القطط و الكلاب من الحيوانات الأليفة الأكثر شيوعاً و الناس هنا يحبون الكلاب حباً شديداً. لا تتفاجئ من وجود الكلاب في المقاهي و المكاتب و المطاعم و حتى وسائل النقل العامة.

Cats and dogs are common pets in Germany. Don't be surprised if you find dogs in Cafes, offices, restaurants or buses.

93

In Deutschland muss jeder Haushalt Rundfunkgebühren bezahlen. Wenn Sie sich behördlich anmelden, ist es möglich, dass Sie schon bald zur Entrichtung der Rundfunkgebühren aufgefordert werden. Falls Sie über kein Einkommen verfügen, haben Sie die Möglichkeit, eine Befreiung von den Rundfunkgebühren zu beantragen.

قيمة اشتراك التلفاز يتم تحصيلها من كل أصحاب المنازل. عندما تحصل على الإقامة لا تتفاجأ اذا طلب منك تسديد قيمة هذه الفواتير. اذا لم يكن لديك دخل يمكنك التقدم بطلب إعفاء من هذه الفواتير.

Broadcasting fees in Germany have to be paid by every household. If you register for a permanent residency don't be surprised if you are contacted to pay broadcasting fees. If you have no income you can apply for an exemption from this obligation.

94

Die meisten Deutschen sind freundlich und offen, aber viele Ausländer beklagen, dass es sehr lange dauert, Freunde zu finden. Manche erleben die deutsche Gesellschaft auch als "kalt" wegen der vergleichsweise hohen persönlichen Distanz im täglichen Umgang. Vielen Migranten hilft es dabei am meisten, einfach offen zu bleiben, Geduld zu üben und sich Vereinen oder Initiativen anzuschließen, um neue Menschen und vielleicht auch Freunde zu finden.

الناس في ألمانيا ودودين و يتمتعون بكرم الضيافة و لكن معظم الأجانب يتذمرون من صعوبة تكوين الصداقات و إيجاد الأصدقاء. معظم الأجانب يعتقدون أن المجتمع الألماني جاف لأنهم لا يتبعون هذه النصائح و الطرق. ابقى منفتحاً على الآخرين، تحلى بالصبر و قم بالإنضمام للاتحادات أو الأنشطة التطوعية للتعرف على أصدقاء جدد.

Most Germans are friendly and welcoming but many foreigners complain it takes long time to find friends. Many foreigners perceive German society as "cold" because of a relatively distant way of communication in daily life. Stay open, be patient and join some associations or volunteer activities to meet people and to find friends.

95

Wenn Sie sich noch besser in die deutsche Gesellschaft integrieren möchten, ist es hilfreich, viel Zeit mit Deutschen zu verbringen oder mit Menschen, die schon lange im Lande leben. Auf lange Sicht wird Ihnen ein solcher Weg eher helfen, sich in Deutschland einzuleben, als wenn Sie nur unter Landsleuten bleiben.

لقضاء أوقات ممتعة يجب أن تكون عضو فعال في المجتمع الألماني و بذلك و مع مرور الوقت صداقاتك لن تنحصر في نطاق الأشخاص من نفس جنسيتك و لكن ستشمل الأصدقاء الألمان و الأجانب من جنسيات أخرى.

If you wish to integrate better into German society it might help you most spending time with Germans or people who have lived in the country for a long time. In the long term such an approach might help you to feel at home much more than staying only with members of your national community.

96

In den meisten deutschen Städten ist das Fahrrad das schnellste und kostengünstigste Fortbewegungsmittel. Zumeist gibt es auch spezielle Fahrradwege. Falls Sie noch nicht gelernt haben, Fahrrad zu fahren, nutzen Sie die Gelegenheit in Deutschland und gewinnen dabei etwas Freiheit mit Ihrem eigenen Fahrrad. In Deutschland werden Fahrräder sowohl von Männern wie von Frauen und Kindern gerne genutzt.

يعد استخدام الدراجة الهوائية من أرخص و أسرع طرق التنقل ضمن المدن و القرى الألمانية المختلفة. هناك ممرات و طرق مخصصة للدراجات في معظم الأماكن. اذا لم تكن تعلم كيفية قيادة الدراجة فهذه فرصة لتعلم ذلك و بهذا سيصبح التنقل أسهل و أكثر حرية بدراجتك الخاصة. و في ألمانيا تستخدم الدراجات من قبل الرجال و النساء و الأطفال أيضاً.

Riding a bicycle is one of the cheapest and fastest ways to move around in most German cities and towns. There are special bicycle lanes in most places. If you have not learned to ride a bicycle take the chance to learn it in Germany and gain a little bit freedom with your own bike. In Germany men, women and children use bicycles.

97

Für Mütter mit Kindern gibt es viele Angebote, aktiv zu werden - von Sport, über Musik, Laientheater bis zu Lesungen und Tanz. Diese Aktivitäten ermöglichen Müttern und Kindern sich mit anderen zu treffen, zu sprechen und zu spielen.

بالنسبة للنساء يوجد العديد من الأنشطة المتوفرة للأبناء و الأمهات معاً كالرياضات المختلفة و العروض المسرحية و القراءة و الموسيقى. و يمكن الاستفادة من هذه الأنشطة للقاء أمهات أخريات و التحدث إليهن و تكوين صداقات جديدة.

There are plenty of activities offered for mothers with children such as sports, music, theater play or reading and dance. Those activities can be a great chance for mothers to meet other mothers for talk and friendship.

98

Wenn Sie sich manchmal einsam fühlen sollten in Deutschland (was den meisten Ausländern so geht), kann es hilfreich sein, über das Internet und die sozialen Netzwerke mehr über Ihren Ort und Ihre Stadt herauszufinden. Versuchen Sie "Experte" für Ihren Ort und die Umgebung zu werden, um Gruppen, Aktivitäten und Plätze zu finden, die Ihnen offen stehen: von Bibliotheken, Musikvereinen, Sport Clubs bis zu lokalen Initiativen oder Kursen in der Volkshochschule - oder nehmen Sie den Zug und besuchen Freunde an einem anderen Ort in Deutschland.

اذا شعرت بالوحدة في ألمانيا (عادة ما يحدث هذا لمعظم الأجانب) استخدم الانترنت لمعرفة المزيد عن المدينة أو القرية التي تعيش فيها، حاول أن تصبح خبيراً بكل ما يتعلق بمنطقتك حتى لو كانت قرية صغيرة، و بذلك تتكون لديك إحاطة تامة بالجمعيات و الأماكن التي يحق لك الإنضمام اليها مثل المبادرات المحلية و المكتبات العامة و المعاهد التعليمية العامة (فوكسوغشول).

If you feel lonely sometimes in Germany (what occurs with many foreigners, unfortunately) it might help you to use the internet and social media to find out more about the city or town you live in. Try to become an "expert" for the place you live, even if it is a small town, to detect communities and places that you have access to such as sport clubs, music groups, local initiatives, public libraries or public educational institutes (Volkshochschule).

99

Es dauert einige Zeit, um in Deutschland Fuß zu fassen. Geduld mag Ihnen dabei helfen. Eines Tages werden Sie sich aber zu Hause fühlen. Willkommen!

و في النهاية لا بد أن تعرف أنّ بدء حياة جديدة في ألمانيا ربما قد يستغرق وقتاً طويلاً، من أفضل ما يمكن التحلي به هو الصبر و لكن في النهاية ستشعر و كأنك في منزلك و بلدك.
أهلاً و سهلاً ...

To start a new life in Germany takes time. It will help you to be patient. But one day you will feel at home. Welcome!

Über die Autoren

Nikolaus von Wolff (*27.12.1966 in Trossingen, Württemberg) studierte Philosophie an der Universität Köln und Visuelle Kommunikation an der Hochschule der Bildenden Künste Hamburg. Nach dem Studium wirkte er für einige Jahre als Drehbuchautor und Filmproducer eher er seit 2002 im Rahmen der deutschen Entwicklungszusammenarbeit als Coach und Berater für verschiedene Projekte in China, Äthiopien, Ägypten und in der Mongolei tätig wurde. Daneben unterrichtet er als Dozent für Medientheorie an verschiedenen Hochschulen in Deutschland. Von 2012 bis 2013 erlebte er als Professor für Mediendesign an der Deutschen Universität Kairo die Regierungsphase von Muhammad Mursi aus nächster Nähe. Nikolaus von Wolff lebt und arbeitet in Chemnitz.

نيكولاس فون وولف (من مواليد 27 كانون الأول 1966 في تروسينغن ، فورتمبيرغ، ألمانيا) درس الفلسفة في جامعة كولونيا والاتصالات البصرية في أكاديمية هامبورغ للفنون الجميلة. بعد تخرجه عمل ككاتب سيناريو ومنتج أفلام قبل دخوله إلى التعاون الإنمائي الألماني في 2002. كان مشاركاً في مشاريع في الصين واثيوبيا ومصر ومنغوليا كمدرب ومستشار. بالإضافة إلى أنه حاضر في العديد من الجامعات الألمانية عن وسائل الإعلام و نظرياته. بين عامي 2012 و 2013 شغل منصب أستاذ التصميم في وسائل الإعلام في الجامعة الألمانية في القاهرة حيث كان شاهداً مقرباً من ادارة الرئيس السابق محمد مرسي. يعيش و يعمل نيكولاس فون وولف في شيمنيتز، ألمانيا.

Nikolaus von Wolff (born Dec. 27th 1966 in Trossingen, Wuerttemberg, Germany) studied philosophy at the University of Cologne and Visual Communication at the Hamburg Academy of Fine Arts. After graduation he worked as a film script writer and movie producer before entering German development cooperation in 2002. As a coach and consultant he was involved in projects in China, Ethiopia, Egypt and Mongolia. Besides he lectured at several German universities on media theory. Between 2012 and 2013 he acted as a professor of media design at the German University in Cairo where he became a close witness of the Muhammad Mursi administration. Nikolaus von Wolff lives and works in Chemnitz, Germany.

Ameen Alkutainy (*21.02.1985 in Aleppo, Syria) graduierte im Fachbereich Marketing am Higher Institute of Business Administration in Damaskus. Nach intensiver Berufs- und Managementerfahrung unter anderem für die größte Sportorganisation in Syrien und für den syrischen Tourismusverband, verließ er seine Heimatstadt Aleppo im Jahr 2013 aufgrund des Bürgerkriegs in Syrien. Ameen Alkutainy unterrichtet seither Marketing und Arabische Studien an der Nationalen Universität des Mongolei in Ulan Bator. Gemeinsam mit Nikolaus von Wolff führt er workshops zu den Themen PR, interkulturelle Kommunikation und Hochschul-Marketing an verschiedenen Universitäten in Asien durch.

أمين القطيني (من مواليد 21 شباط 1985 في حلب، سوريا) خريج قسم التسويق و التجارة الدولية في المعهد العالي لإدارة الأعمال في دمشق.
بعد عمله كمدير في إحدى المؤسسات الرياضية الرائدة في سوريا ومع شركات سورية عدّة إضطر لترك مدينته حلب في عام 2012 بسبب الحرب الأهلية في سوريا. ومنذ ذلك الحين أصبح أمين القطيني محاضراً في قسم التسويق و في الدراسات العربية في جامعات عدّة منها الجامعة الوطنية في منغوليا، أولان باتور. قام أمين القطيني بالتعاون مع نيكولاس فون وولف بتنفيذ ورشات عمل في جامعات مختلفة في آسيا عن العلاقات العامة والتواصل بين الثقافات و عن التسويق في التعليم العالي.

Ameen Alkutainy (*Feb. 21st 1985 in Aleppo, Syria) graduated in Marketing at the Higher Institute of Business Administration in Damascus. After an intensive experience as a manager in the leading sports organization of Syria and with the Syrian tourism association he had to leave his home town Aleppo in 2012 because of the civil war in Syria. Since then Ameen Alkutainy lectures marketing and Arab studies at the National University of Mongolia in Ulaanbaatar.
In cooperation with Nikolaus von Wolff he carries out workshops at different universities in Asia on PR, intercultural communication and marketing of higher education.

Notizen - ملاحظات - Notes

Notizen - ملاحظات - Notes

Notizen - ملاحظات - Notes

Notizen - ملاحظات - Notes

Notizen - ملاحظات - Notes